AF582458

COMO UNA MARGARITA

ExLibric

LIDIA JIMÉNEZ NÚÑEZ

COMO UNA MARGARITA

EXLIBRIC
ANTEQUERA 2023

COMO UNA MARGARITA
© Lidia Jiménez Núñez
Diseño de portada: Dpto. de Diseño Gráfico Exlibric

Iª edición

Editado por: ExLibric
c/ Cueva de Viera, 2, Local 3
Centro Negocios CADI
29200 Antequera (Málaga)
Teléfono: 952 70 60 04
Fax: 952 84 55 03
Correo electrónico: exlibric@exlibric.com
Internet: www.exlibric.com

ISBN: 978-84-10076-33-4
Depósito Legal: MA 1744-2023

Nota de la editorial: ExLibric pertenece a Innovación y Cualificación S. L.

LIDIA JIMÉNEZ NÚÑEZ

COMO UNA MARGARITA

Al bello jardín lleno de flores y yerbas,
a las lluvias y a los soles.
Con todo mi amor para mis raíces,
intocables, fuertes, las de siempre y las nuevas.
Para mí y, sobre todo, para ti, que estás leyendo estas líneas.

Índice

Agradecimientos

Primero de todo, quiero agradecer a mi familia. Me habéis dado fuerza en los peores momentos y me habéis escuchado y apoyado en cada idea o locura. Gracias por siempre estar al pie del cañón. Sé que a veces no ha sido fácil, pero somos una familia unida y fuerte, como las raíces, sois mi órgano y os necesito siempre en mi vida.

A mis amigas, vosotras que, a pesar de mis idas y venidas, de mis momentos más oscuros y menos agradables y de mis errores, siempre habéis estado ahí. Gracias por seguir de mi mano, sois increíbles y no os imagináis lo feliz que me hace seguir teniéndoos a mi lado. Sois esa familia que se elige.

Y como he aprendido que me siento bien cuando soy agradecida con mis situaciones, quiero dar las gracias también a la vida en general, y a las personas que, en cierto modo, han marcado mi vida o han pasado por ella, tanto para bien como para mal. Gracias, me quedo con lo bueno y con el aprendizaje que conllevó.

Prólogo

Como una margarita... ¿Por qué? Te preguntarás. Margarita: inocencia, pureza, alegría, vida. También fuerte, ya que crece en los campos y es resistente a las sequías. Parece simple, débil, pero es una flor que para mí es perfecta, porque, como he dicho antes, es simple y así es como veo la vida, simple, sólo que tenemos un tallo que puede hacernos ver el entorno negro y complicado, pero, como las margaritas, somos fuertes y siempre crecemos, porque lo simple es vida y la vida es maravillosa con todos esos detalles.

Este es un libro un poco caótico, ya que son consejos y reflexiones que yo misma me he dado, han sido sacados de mi diario escrito a mano. Cada una de ellas tiene un gran significado para mí, un sentimiento y una experiencia. Aquí queda plasmada una parte de mí, positiva, negativa, sentimental, etc. Me siento orgullosa de lo que he escrito, pues me ha ayudado mucho a seguir adelante y a entenderme mejor y sólo espero que todo esto os llegue y que de alguna forma os sirva para entenderos mejor.

Todos somos un caos: un día pensamos una cosa y al otro lo contrario. Pero es normal, la vida es así. De eso se trata, de vivir, de disfrutar, de exprimir cada segundo, de dejar de poner excusas y tirarse al mar, mojarse el culo y arrepentirse luego, que la vida son dos días. Fluye, juega, vive...

Nuevo año

Mucha gente dice: «Es sólo un año más, no cambia nada». Y llevan razón. Nada cambia en términos de tiempo, por decirlo de alguna manera. Pero a mi forma de ver la vida hoy, porque yo era de las que decía eso, que un año acabe es una nueva oportunidad para parar y pensar en todo aquello que no nos gusta y que está mal en nuestra vida, es una oportunidad para dejar atrás todo aquello que nos hace daño, aprender y crecer.

«Año nuevo, vida nueva». Cuando se dice esto, no es por casualidad. Cada año tenemos la oportunidad de mejorar, de renovar y volver a crear proyectos y objetivos. Porque quizás los del año pasado ya están cumplidos, o tal vez estos han cambiado y no somos conscientes de ellos. Imaginad que no hubiese este parón. Imaginad que nadie nos dice «ey, piensa si sigues queriendo aquello, o si estás bien con esto otro».

En mi opinión, y basándome en mi poca experiencia, esto del nuevo año es una maravillosa oportunidad para recrearnos, aprender y dejar atrás un año que para mí, personalmente, no ha sido nada fácil. Pero aquí seguimos, luchando por nuestros deseos, y espero que un poquito más fuertes y sabios. Feliz Año Nuevo.

1. ¿Qué es lo que quieres para este año?
2. ¿Qué es lo que no quieres o te gustaría cambiar?

Locura

¿Quién soy?

Me gustan los cambios y eso es lo que voy a seguir. Corazón, mente. Ambos me llevan a vivir, a hacer cosas que por miedo al qué dirán no hago. Me estoy fallando a mí misma y eso está empezando a doler. ¿Qué más da lo que opinen de mí? ¿Qué más da si hago el ridículo? ¿Qué más da si me quedo sola?

Al fin y al cabo, la vida es una y cada uno tenemos nuestra propia vida. Estoy loca y nunca he estado más orgullosa de ello.

1. ¿Quién eres?
2. ¿A qué le temes?
3. ¿Por qué no lo haces?
4. ¿Qué te frena?
5. ¿Cómo eres?

Palabras

Las palabras nos condicionan más de lo que pensamos. Las escuchamos y luego las procesamos para que queden guardadas en nuestro cerebro.

Palabras y pensamientos internos tienen la misma fuerza, ya que inconscientemente estas nos crean la personalidad. Es decir, la mayoría de las veces creemos lo que nos dicen y mucho más lo que nos decimos a nosotros mismos (mucho más, porque nosotros vivimos con nuestros propios pensamientos).

Por esta misma razón, la descrita más arriba, tenemos que mantenernos fuertes y elegir qué queremos o no escuchar, tanto del exterior como del interior. Creo que es importante que cada día al despertar te recuerdes a ti mismo quién eres, qué eres, qué toleras y qué no para que una vez fuera creas esas palabras y nadie pueda destruir tu hogar, para que el inconsciente pueda bloquear esas palabras que amargan y nos hacen creer algo negativo que no es real.

Prestemos atención a aquellas palabras bonitas, palabras de apoyo y fuerza.

Todo empieza en ti y tú tienes el poder de cambiar las cosas desde tu interior, porque la vida es una perspectiva y nosotros mismos somos quienes la creamos. El cerebro cree lo que le decimos y lo que le dijimos, por eso intentemos modelarlo a creencias reales y más positivas y realistas.

1. ¿Cómo te hablas a ti mismo?
2. ¿Actúas según eres o como crees que eres?

3. ¿Eres lo que los demás dicen?

4. ¿Te afectan las palabras de los demás?

Cambia tu visión. Claro que cuesta mucho trabajo y dolor de cabeza, pero empezar hablándote bonito es un paso, porque ¿le dirías a una persona que quieres todo lo que te dices a ti, con tanta rudeza y presión? Si no lo haces con otra persona, ¿por qué te haces tanto daño a ti? Consiéntete más, date más margen de error y no te juzgues tanto. Cambia esas palabras que te dices a ti.

¿Qué le diría a esta persona que quiero en esta situación? ¡Y esa es la respuesta!

Diario

Cuando todo acabe, sólo quedarán nuestros recuerdos, y ni de eso quedará constancia a no ser que quede por escrito. Con suerte, algún día alguien lo leerá y guardará, quizás lo cuente o quizás no. Los recuerdos, las experiencias, todo esto que llamamos vida morirá con nosotros, en nuestro corazón.

VIVE CADA DÍA, NO MERECE LA PENA SEGUIR SUFRIENDO.

1. ¿Qué te ha preocupado hoy?
2. ¿Qué quieres hacer?
3. ¿Qué te ha preocupado?
4. ¿Qué te ha hecho sonreír hoy?

Amor

Amor, ¿qué es? El amor es un sentimiento, es respetar y admirar a otra persona, querer compartir cada momento y experiencia. Amor, verle feliz, aunque esté con otra persona.

Ahora lo comprendo. Ahora sé que lo quiero, porque está feliz y no es conmigo. A veces es triste, pero luego pienso que tuvimos la oportunidad y no salió. Quizás no era el momento para ninguno de los dos, quizás sólo estamos destinados a otras personas, quizás… Yo sólo sé que estoy feliz por esa persona. Amor.

1. ¿Realmente le quieres? ¿O es una obsesión?

La oveja negra

Ser la oveja negra de la familia implica romper con la tradición de la misma, implica no repetir conductas que se han repetido durante décadas. Qué duro es. Nadie nos lo dice, porque en nuestro interior tenemos un doble sentimiento:

1. La necesidad de hacer nuevas cosas, vivir aventuras completamente diferentes a las que la familia ha vivido. Buscar diferentes personas y actuar totalmente distinto.

2. La sensación de estar fallando, de estar haciendo las cosas mal.

Y duele, duele cuando sientes que debes partir y a la vez quieres estar. Duele saber que hay que sacrificar algunas cosas. Pero los cambios no son fáciles para nadie, romper con tradiciones menos. La sensación de no formar parte de lo que te rodea, sentirte extraña donde antes no, esto solo hace que quieras alejarte, correr lejos para empezar algo nuevo, a tu manera… pero no se entiende y comienzan las dudas, el dolor y, a la vez, la satisfacción.

Y ya está. Así es la vida de la oveja negra, consecuencias por no repetir los errores y tradiciones, buenas y malas.

1. ¿Qué impulso sientes?
2. ¿Por qué no lo haces?
3. ¿Qué te frena?

No pasa nada por seguir tu corazón.

El agujero

Esta ha sido mi experiencia. Contacte con un centro especializado en este tema en caso de depresión.

Depresión: muy sonada esta enfermedad, pero muy poca gente entiende qué es lo que realmente está pasando en la cabeza de quien la padece. Dicen que es fácil, que suicidarse es de cobardes, pero para una persona con depresión es un respiro. Suena fatal, ¿verdad? He vivido esto en mis propias carnes y, por eso, repito que es un suspiro; no es la solución, es un respiro. Lucha constante con una persona que eres tú misma. Es como si en tu cabeza hubiese otra tú, malvada, criticona, pendiente de tus defectos y de lo que los demás hablan, como si ella lo supiese…

¿Resultado? Tristeza, ganas de matar a esa otra voz interior, a sabiendas de que eres tú misma. Es difícil lidiar con esta enfermedad y se necesita constante apoyo, terapia y seguimiento, pues nadie nos ha enseñado cómo afrontar nuestra voz interior, aquella que es un monstruo, una sombra cruel.

Luchar contra tu cabeza es algo muy difícil, ya que la vida, como siempre digo, es una perspectiva de lo que tenemos en nuestra cabeza, y si esta es manejada por un ser malvado… ¿Imaginas ahora? ¿Quién está controlando tu vida? ¿Tú? ¿Tu yo más cruel? ¿Qué es la realidad? ¿Es aquello que te dice? ¿O sólo son habladurías? Recordemos que, conforme actuemos, así será nuestro entorno. No es que X haya dejado de estar, es que tú le has echado. No es que no salga el sol, es que tú no eres capaz de verlo.

Trastorno de la conducta alimentaria (TCA): el texto anterior es muy valido para esta enfermedad también, pero esta fue mi sensación, así que por favor, si sientes algo así contacta con un especialista.

Otra persona en tu cabeza, diciéndote lo no válida que eres, lo estúpida que eres por comerte un chocolate, lo fea que estás si no quemas calorías. Es tan fuerte que empiezas a sentirte así, no hace falta verlo, y cuando lo ves en el espejo todo es distorsión, es difícil de explicar, lo único que quieres es llorar, romper el espejo, empiezas a odiarte tanto que duele, se pierde el control... dejas de comer, quieres expulsar todo lo que has ingerido, luego te metes atracones y te odias por ello, quieres volverlo a expulsar o machacarte en el gimnasio, no te das un descanso y caes y caes en un agujero negro. Pero ¿es esta tu versión? ¿Es tu cerebro? ¿O solamente otra voz incordiando? Es difícil separar las voces negativas de la verdadera voz, porque ¿cuál es la verdadera? Sólo la que alimentamos llegará a la meta y, por desgracia, la meta de estas terroríficas voces es la muerte.

Caos

El caos en la cabeza lo tiene todo o casi todo el mundo: voces aquí, opiniones allá, predicciones, emociones, sentimientos, enfados, felicidad, tristeza, arriba, abajo, aquí, allí... ¡Para! El cerebro es sabio, tan sabio que nos abre un campo tan amplio que podemos elegir qué pensar. Es más, en ocasiones ni eso, porque se mezcla todo: jxbcjdhsgldjhglksorilj. ¡Para! Bolígrafo y libreta en mano. Qué tópico, ¿verdad? Sirve. Escribir, hablar, expulsar la mierda que llevamos dentro nos limpia, nos hace ver otra perspectiva e, incluso, a veces nos damos cuenta del error y ponemos solución.

¡Somos increíbles y lo que queramos hacer podemos hacerlo, claramente dentro del contrato social! Viajar, reír, llorar, gritar, dejar ese trabajo, cambiar de país, romper con esa persona, etc. ¡Ahora! Porque esperar sólo hará crecer ese caos, ese caos que a veces es creado por nosotros mismos por estar aguantando situaciones que parecen cómodas, pero que, en realidad, nos están matando. Caos, bello caos, ¿qué haríamos sin él? ¿Cómo mejoraríamos? ¿Cómo tendríamos paz sin un poco de caos?

Intensidad

Intensa, sí, pero ¿por qué desperdiciar y no vivir un momento al cien por cien cuando sabes que en ese momento es lo que quieres? ¿Por qué esperar? ¿Por qué no mandar todo a la mierda si sabes que es lo que quieres? Vive, disfruta cada momento, porque más vale arrepentirse de lo que hemos hecho que, más tarde, en nuestro lecho de muerte, penar por lo que hubiese pasado si…

1. ¿Por qué crees que guardar quien eres te beneficia?
2. ¿Qué has ganado no mostrando tu intensidad?
3. ¿Qué has perdido?
4. ¿Te sientes bien?

Cosas que pasan

En esta vida todo pasa por algo, incluidas las personas. Hay personas que aparecen en nuestra vida solamente para enseñarnos algo, y si no lo aprendemos, seguiremos encontrando al mismo prototipo de persona hasta que, por fin, sepamos la lección. Es duro ver como personas, que creías que eran «la persona», desaparecen de tu vida sin más, sin razón alguna, y tú piensas «¿otra vez?». Sí, otra vez, porque sigues cometiendo el mismo error una y otra vez. Esto pasa con las personas, pero con la vida y sus momentos también. Cuando sales por el mismo lugar, haces lo mismo y no cambias, la vida te mostrará o tú verás aquello que no sale de ese cuadrado tan cerrado. Otras veces la vida nos pone en caminos que no queremos y, entonces, pasa algo maravilloso. ¿Por qué? Simple, porque hemos salido de ese cuadrado.

Las cosas y las personas pasan y se van por alguna razón, y hay que aceptarlo y asumirlo de la mejor forma posible sin culpabilizar a nadie, sólo aprender de lo que ha pasado para no volver a repetir el mismo error. Fluye, fluye con la vida y no niegues situaciones o personas que aparecen, porque es ahí donde viene la experiencia, es ahí donde la vida está actuando para darte algo extraordinario.

1. ¿Lo has asumido?
2. ¿Crees que es tu culpa?
3. ¿Por qué?
4. ¿Tiene sentido?

Los actos de otras personas no son nuestro problema, y mucho menos nuestra culpa.

Soledad

Soledad, hace un tiempo te odiaba. Ahora no sé vivir sin ti. He comprendido que estoy sola, a pesar de estar rodeada de gente. Al fin y al cabo, todos estamos solos, porque nadie está en nuestra cabeza, salvo nosotros mismos. Suena repetitivo, pero es así.

Una vez cierras los ojos, por mucho que estés en la cama con alguien, eres tú y tu mente. Quizás estéis abrazados, pero ¿sabes acaso qué piensa la otra persona? ¿Sabe esa persona lo que tú estás pensando?

Hay veces que, aun estando con gente, nos sentimos más solos, y no pasa nada, salvo que no te quieras y te valores a ti mismo. Entonces es cuando la soledad y la ausencia de gente empieza a afectar. Lo sé de buena mano. Yo misma he estado rodeada de gente y, a la vez, me he sentido tan sola que hasta he perdido a ciertas personas, pero ahora entiendo que era mi problema. Acepto la responsabilidad.

Responsabilidad

¿Qué es? Ser responsable significa ser consciente y acatar lo que has hecho, o dicho, aceptar consecuencias ante algo. Siempre hay que ser responsables y aceptar cuando nos toca. Como he dicho antes, acepto, me hago responsable de haber perdido gente, pero soy consciente de que esa gente también es responsable de su ausencia, por lo que, si yo actuaba mal y esas personas se alejaron, ambos acatamos responsabilidades. Así es la vida y me encanta.

Soledad y responsabilidad. Qué bonito poder ser responsable de uno mismo y qué bien se siente uno estando solo, porque para disfrutar de algo o alguien primero tenemos que aceptarnos y divertirnos y valorarnos por nuestra cuenta; si no, sólo seremos esclavos de la soledad que nos engancha a cualquier lobo.

1. ¿Has hecho ya aquello que tanto deseas?
2. ¿Por qué?
3. ¿Tienes miedo?
4. ¿Qué es lo peor que puede pasar?

Atrévete. El miedo es un impulso que, si sabemos cómo gestionarlo, puede darnos grandes experiencias. Solamente tienes una vida. No pierdas el tiempo. La soledad es amiga, eres tú.

Gente mala

Malas personas nos vamos a encontrar, gente que te tiene envidia, gente que va a joder porque en algún momento tú hiciste algo inconsciente y le molestó a esa persona. Pero quiero decir que no eres tú el problema, sino la persona que está actuando bajo el rencor y a malas. Se piensan que nos molestan. Qué ilusos... Pasan su tiempo intentando molestarnos por algo que les molesta más a ellos que a nosotros.

En esta vida me he cruzado con personas que me han envidiado por mi forma de ser y por cómo me cuidaba. Al principio, me culpaba y me dolía, y yo misma me juzgaba, hasta que lo comprendí: esas personas no se quieren a sí mismas, y cuando se cruzan con alguien que trabaja y tiene lo que ellos quieren —y aquí está la diferencia, malas personas—, van a joderte porque ¿para qué ponerse a trabajar en sus mierdas y crecer? Mejor hundir a otra persona.

Buenas personas: te apoyan y te toman como ejemplo para crecer personalmente. Porque el problema no somos nosotros. El problema es la otra mala persona que ni se soporta a sí misma. Por eso, cada vez que alguien te joda o lo intenté, dile: «Cielo, ¿todo bien interiormente? ¿De qué tienes envidia?».

¡Claro está que las malas personas no cambian, pero tú sí puedes echarlas de tu vida y créeme que lo que más les duele es la indiferencia y que sigas creciendo y haciendo tu vida!

1. ¿Ya le has echado de tu vida?
2. ¿A qué esperas?

Te he llorado

Sólo te he llorado una vez,
una vez detrás de otra.
Te he ahogado en el vaso.
Sólo te he llorado una vez,
y te he ahogado en el fondo del mar…

Actuaciones

Es curioso que, dependiendo de la persona que tenemos delante, nos comportamos o mostramos ciertas cosas o no. Siempre me ha pasado que ante una persona que me ha gustado mucho he actuado diferente a como soy, intentando gustarle no por como yo soy, sino por lo que creo que a esa persona le gusta.

Error número 1: porque nunca funciona y luego se te queda la espina de «joder, si soy mucho mejor de lo que yo le he mostrado, ¿por qué no he sacado esto o lo otro?».

¿Qué pasa? Pues eso, que al final perdemos a alguien que nos gusta por no mostrarnos como somos. Es decir, hacemos realidad esa inseguridad. Por lo tanto, si pensamos que la vamos a perder igualmente, actúa tal y como eres con tus defectos, porque si esa persona se va es que no era para ti, y si se queda será algo increíble, porque te ha aceptado a ti, a tu ser, y si surge una relación, no tendrás que fingir y será una relación sana.

Es complicado, pero se puede hacer. A base de aprendizaje, yo misma he perdido personas por intentar ser quien no soy, pero gracias a esto he aprendido a que da igual lo que los demás quieran o les guste. Lo importante es encontrar gente que acepte a la persona que realmente eres con lo fácil y lo difícil.

De eso tratan las relaciones. A mi más humilde parecer, de ser quien tú realmente eres, poder actuar y decir lo que se te pase por la cabeza, mostrando tu yo, no un personaje creado para gustar, porque no a todo el mundo le vamos a gustar, y eso es genial, porque a nosotros mismos tampoco nos gusta todo el mundo. Por eso es mejor seleccionar y acercarse y mantener a la gente que te acepta y tú aceptas.

1. ¿Cómo te describes?
2. ¿Qué te gusta hacer?
3. ¿A qué dedicas tu tiempo libre?
4. ¿Estás escondiendo algo en el interior que pide a gritos salir?
5. ¿Qué es?

Actúa como quieres ser y serás quien quieres ser.

Siempre hay un roto pa' un *descosío*

Bien, ¿dónde está mi roto? Rotos no quiero y yo estoy *descosía.* ¿Qué busco? Ni siquiera yo lo sé. Quizás coserme a mí misma sería el primer paso, quizás no necesito un roto, quizás necesito un roto arreglado o un *descosío cosío,* ¿quién sabe?

He vuelto a pensar en ti

He vuelto a pensar en ti,
en lo que éramos,
en lo que hacíamos,
esa inocencia...
He vuelto a pensar en ti,
aquellas locuras,
sin preocupaciones,
la vida fluyendo...
He vuelto a pensar en ti,
besos,
abrazos...
He vuelto a pensar en ti,
mi pequeña flor,
mi niña interior.
Te echo de menos.

Personas espejo

Conoces a personas con las cuales sientes mucha afinidad y crees que una de ellas es «la persona»; sin embargo, de un día para otro, todo cambia. Son estas, estas son las personas espejo, aquellas que aparecen en tu vida, te muestran algo que tú misma eres y luego se van, dejando un daño y un aprendizaje.

Duele, porque es ahí donde te das cuenta de ¿qué hubiese pasado si hubiese hecho esto? Ahora sé que ahí estaba equivocada. Eso es, ahora y no antes. Antes no sabías, y este espejo te lo mostró, te mostró el error que repites una y otra vez. Y, Dios mío, cómo duele perderla, pero cómo de gratificante resulta darse cuenta de que ahora ya no vas a cometer ese mismo error.

Duele, pero el pasado es pasado y lo que hiciste no tiene vuelta de hoja, sólo toca vivir y seguir adelante, y si ese espejo vuelve, entonces es que era tu espejo; si no, te has llevado algo genial, una valiosa lección. Todo pasa con el tiempo, y si la espina sigue ahí, sácala, pero nunca la reemplaces: el hueco de la espina nunca puede ser reemplazado.

Actúa, mira hacia delante, sigue. Fluye con lo aprendido sin caer en lo mismo de siempre.

Alguien que no tenga miedo

Sólo quiero a alguien que no tenga miedo de estar conmigo, alguien que apoye mis decisiones locas, que me dé toda la libertad del mundo y confié en que, si me da esto, jamás me alejaré de su lado.

Alguien que me acompañe en cada locura y cada ida de cabeza, cada cambio.

Alguien que me respete y alguien que me dé su total fidelidad, hogar.

Yo sé que soy complicada, que la libertad que pido asusta, pero esa libertad me gusta compartirla con alguien que esté dispuesto a no juzgarme.

Alguien que no tenga miedo de estar conmigo.

Mar, luna

El mar, poderoso, débil, quien sabe que esconde noche, oscuro, claro, cambiante, nunca igual y siempre lo mismo.

Luna, hermosa, brillante, inalcanzable, siempre mirando callada, fugaz... a veces sonriente, nuevas oportunidades.

Somos como la luna: tenemos etapas; mejores, peores, más arriba, abajo, más luz, menos luz... pero siempre tenemos una nueva oportunidad de renacer, una nueva oportunidad que a veces no podemos ver, pero que está ahí y sólo tenemos que mirar y echarle valor.

Teneos dos caminos:

1. Ahogarnos en el mar.

2. Luchar contra marea y comenzar un nuevo ciclo.

No tenemos ni idea de lo débil que puede llegar a ser nuestra mente, de cómo puede caer con algo que un día no le dimos importancia, llegamos al fondo sin ni siquiera saber por qué. Pero cuando empezamos a entender lo vulnerables que podemos llegar a ser es cuando más fuertes seremos, ya que podremos entender que es lo que está sucediendo y podremos luchar contra ello.

Sentimiento

¿Qué tengo de malo?

Siempre me he hecho esta pregunta, porque no mucha gente ha permanecido a mi lado, y nunca he entendido el porqué, jamás... Y todo el tiempo me hacía la misma pregunta: ¿qué hago mal?

¿Sabéis qué? No es que tenga algo malo, simplemente hay gente que conecta conmigo y gente que no. Cuando vamos creciendo, vamos perdiendo amistades y es normal, porque ya no vas al son de nadie. Te conoces y quieres vivir lo que tú quieres.

No hay nada de malo en ser una persona intensa y emocional. Dentro de este caos hay una paz que no imagina nadie y que muchas personas apenas ven; otras se aprovechan y es ahí cuando duele. Por eso, muchas veces es mejor estar solo que mal acompañado. ¡Cuánta razón tenían!

Ser selectivo con tus amistades es un plus de garantía.

Os quiero mucho, mi gente.

Gracias por aceptarme.

Pensamientos

No pienses, o evita, o intenta al menos, no pensar en el pasado, porque ya pasó y no se puede cambiar. Piénsalo como un recuerdo y apártalo de tu cabeza, porque puede hacerte daño y estropearte un buen día. Puesto que no se puede hacer nada contra el pasado, sólo nos queda aprender de aquello, y si no se sintió bien, no volver a repetirlo, aprender de los errores.

De la misma forma, no juegues demasiado imaginando historias que quieres que pasen, porque no van a pasar. Malgastamos demasiada energía pensando en cosas que no van a suceder, y eso nos llena de expectativas que, si no pasan, nos hacen daño. Porque esperar a que pase algo se convierte en un tedioso sinvivir lleno de ansiedad, porque por mucho que imagines, si no actúas, no pasa. Incluso, a veces, no depende de nosotros mismos, porque podemos poner todo el esfuerzo del mundo, pero si la otra persona o las circunstancias no lo permiten, no va a pasar, pero al menos lo has intentado. Está bien imaginar, pero no te creas ni te desesperes porque eso que está en tu mente pase, porque lo más seguro es que no suceda, pero hay algo que sí está pasando: tu vida presente.

Eso es, deberíamos pensar en el olor a lluvia o el sabor del té, todo aquello que está pasando ahora, porque hoy, este momento, es la realidad y es lo que hay, esperar a que pase algo mientras lo único que pasa es la vida.

De repente

¡Ponte tu canción favorita lo más fuerte que puedas!

Un día gris, uno tras otro y, de repente, te subes en un taxi. Tu canción favorita sonando. No le habías prestado atención. Miras por la ventana. Esos problemas ya no son para tanto cuando estás ahí sentada escuchando la mejor versión. Espera. Atención, ¿a qué le estás prestando atención? ¿Por qué no te fijas en lo bonito que se siente esa canción? Este momento tuyo donde nada importa, porque todo tiene solución, sólo tienes que enfocarte, atender a lo que te hace bien, porque si sólo nos fijamos en lo malo, evidentemente nuestra vida es aquello malo a lo que le estamos prestando atención. Cambiemos la perspectiva. ¡Apunta aquello que tanto deseas, o aquello que quieres mandar a la mierda, y hazlo! ¡Sal a la calle, grita, corre (cuidado con los coches)! ¡Hazlo! ¡Baila, besa, ríe, llora, sal, entra! ¡Hazlo!

Según veamos el mundo, así será. Si le prestamos atención a esa mancha en el plato, sólo veremos un plato manchado, sin solución alguna. Pero si echamos la vista atrás y nos fijamos en que el plato es más que esa mancha, se nos abre un campo de posibilidades que ni podíamos imaginar. Se puede limpiar con agua, con jabón y estropajo, frotando más fuerte, más flojo, pero se puede.

Un día te subes al taxi y comprendes que has estado prestando demasiada atención a lo negativo, que ni siquiera has disfrutado de ese café por la mañana, ni de la brisa fresca en tu cara, ni de esa mirada… Un día te subes al taxi y todo cambia.

Empezar a vivir

¿Cuándo voy a empezar a vivir? Esta pregunta me la he estado haciendo cada año, cada mes, cada semana, cada día… ¿Cuándo voy a…? ¿Cuándo me iré a…? ¿Cuándo…? ¿Cuándo…? He estado malgastando cierto tiempo de mi vida pensado en «oh, cuando X pase, haré Y» o «cuando acabe el verano, haré X».

Nunca lo hice. He ido posponiendo cada proyecto que he querido hacer y ni siquiera entiendo el porqué. ¿Miedo? No, no es miedo, es simplemente que mi cabeza no me permite disfrutar del momento, porque «cuando tenga un mejor trabajo, haré esta cosa…». ¿Por qué no hacerlo ya? Simple, pensamos que el momento no es ahora, pensamos que el momento es una vez consigamos lo que queremos y, una vez que conseguimos lo que queremos, nos vuelve a pasar igual, «cuando X, entonces Y». Es una fórmula que lo único que provoca es que nos quedemos estancados en un presente que ni siquiera estamos viviendo por pensar en el futuro, por pensar en que el futuro va a ser mejor. Pero no lo es, nunca es mejor, es mejor momentáneamente por la ilusión que nos hace el cambio, la adrenalina del cambio, pero, una vez que nos acostumbramos y cogemos rutina, todo vuelve a la fórmula.

Este año he estado pensando mucho en esto. Me he dado cuenta de que mi vida es ahora, que ahora es el momento y que tengo que disfrutar lo que tengo ahora, ya que no tengo ni idea de qué es lo que va a pasar mañana, porque todo puede cambiar, nuestra mente puede decidir una cosa hoy y mañana totalmente lo opuesto. Por eso, he estado trabajando en ello:

1. Cambiar la mente; dejar de pensar en lo que vendrá y empezar a pensar en lo que tienes ahora, compara lo que tenías antes con lo que hay en este momento (esto ayuda a valorar lo que has conseguido o lo que quieres cambiar, porque no ves lo que quieres, ves lo que tienes y es a partir de ahí cuando se puede cambiar).

2. Trabajar en ello, si hay algo que cambiar, pero ahora.

3. Disfrutar y hacer las cosas que quieres sin esperar a «cuando cambie de x…».

4. Cuidarte, mimarte y fluir con las cosas claras.

Vivir pensando en el futuro lo único que hace es darnos ansiedad y perder el presente, porque el futuro es mañana y hoy lo estamos perdiendo por ver qué haremos el siguiente día o el siguiente año. Pero ¿quién sabe qué pueda pasar? Todo cambia. Las cosas salen según tienen que salir (hay que trabajar en lo que uno quiere, siendo conscientes de que no podemos manejar ciertas cosas externas que no entran dentro de nuestro control); si no, fijaos en lo que pasó con el COVID: todos los planes a la basura.

Calentarse la cabeza por una decisión que tienes que tomar en el futuro es una preocupación que no pertenece al ahora. Como me dijo una amiga, eso es pre-ocuparte, ocuparte de algo antes de que pase, y que ni siquiera sabes si va a pasar, porque es sólo una idea en tu cabeza.

He intentado ser seria y responsable

Lo he intentado y me ha funcionado temporalmente, pero, al cabo de un tiempo, la tristeza me viene. ¿A quién pretendo engañar? No soy seria y no soy responsable, me gusta hacer estupideces y luego llorar, me gusta ser una loca que actúa sin pensar. Cuando intento ser quien no soy es cuando tomo las peores decisiones.

No puedo engañar a nadie y mucho menos a mí misma, porque al final mi verdadero yo acaba saliendo. Y es que así soy, una loca irresponsable, que a la vez puede ser muy madura. Esto es algo que la gente no suele entender, porque siempre tendemos a encasillar a la gente y no es así. Las personas tenemos distintas personalidades y a la vez sólo una. Es decir, se puede ser irresponsable y responsable a la vez, solamente hay que determinar el contexto y saber cuándo se puede ser una cosa o la otra.

Lo he entendido ahora. Puedo ser yo y no debo esconder quién soy, porque a la larga eso me afecta y ahora sé que cuando me pongo triste es porque estoy escondiendo esa parte de mí por querer encajar en algún sitio donde no encajo.

Positivismo

Me pone mala tanto positivismo, tanto invalidar sentimientos y emociones negativos. No puedo con la gente que sólo admite lo bueno y lo positivo. Que está bien, sí, pero no es real, porque los seres humanos tenemos emociones y sentimientos no positivos, y son igualmente de válidos, y si los escondemos y demonizamos, al final nos acaba afectando, porque cuando nos vengan, no vamos a saber gestionarlos.

Está claro que la vida hay que mirarla siempre por el lado positivo y siempre hay que luchar por estar lo mejor posible, pero no podemos inhibir los negativos, porque son parte de la vida y estos nos ayudan a expulsar todo lo que llevamos dentro, nos ayudan a seguir adelante y a aprender, a salir mejores y positivos.

Por eso, pienso que sí. Hay que ser positivos, pero si un día sólo te apetece llorar y estar tirado en la cama, hazlo, porque eso es tan bueno y tan válido como estar riendo; si no haces eso el día que sientes que lo tienes que hacer, se acumulará y luego vendrá un momento en el que te venga un bajón y ni siquiera sepas por qué. Por eso, valida todas las emociones, las positivas y las negativas; aprende de las negativas, gestiónalas y sal airoso para disfrutar las positivas.

Decisiones

No tomes decisiones precipitadas. Tómate tu tiempo, el que necesites. Habla, grita, llora, pero no tomes decisiones en momentos de calentón. Permítete sufrir y luego decide, ya está.

En mi humilde opinión y experiencia, las decisiones hay que tomarlas cuando llega el momento de tomarlas, porque antes no tiene sentido, ya que las situaciones cambian. No hace falta tomar decisiones precipitadas. Espera y sabrás la respuesta.

Suelta

A veces siento que no pertenezco a este mundo, que no puedo soltar todo lo que soy, que siempre hay paredes que me frenan, críticas. Siento que nadie podrá quererme tal y como soy. Puedo dar todo de mí y ser la mejor, pero soy como soy y eso no lo puedo frenar, y siento que nadie podrá aguantar como soy, seguir mi ritmo; sólo quiero gritar y ser libre.

Y aquí es donde me he dado cuenta de que la que tiene que soltar a esas personas que no me hacen bien soy yo; que si no me siento a gusto siendo como soy, sólo tengo que apartarme, porque en la vida, si buscas, encuentras gente maravillosa que te acepta. Las llaman «personas vitamina».

La pared

He sido dramática, enamoradiza, patética a veces y me siento orgullosa de ello, porque cada vez que he sido eso me he llevado una gran lección y una experiencia de la que hoy en día me río y, sobre todo, he aprendido muchas cosas. ¿Voy a dejar de ser así? Quién sabe, quizás no, pero, al menos, ahora voy con la lección aprendida y con el pie echado. Mentira. Ja, ja, ja. Me sigo dejando llevar por mis impulsos y mis sentimientos y sigo estampándome contra la pared, pero me da igual, porque algún día esa pared será la pared que me apoye, me abrace y creceremos juntos.

Buenos días

El otro día, escuchando a Marian Rojas, caí en la cuenta de lo poco que escuchamos a nuestro propio cuerpo y a la vida. Cada emoción, nervios, tristeza, ansiedad, estrés, cansancio, etc. nos quiere decir algo. ¿El qué? Eso sólo lo sabes tú.

Parar en la vida no es malo. A veces necesitamos parar y darnos cuenta de qué es lo que está pasando. ¡Y no es parar cuando ya no se puede más, cuando caes, no! Hay que frenar antes, a la mínima que notes algo que no está bien ahí dentro. Esto ayuda a no caer, a tomar decisiones no precipitadas…

Marian Rojas habla del cortisol, la hormona del estrés, que se activa cuando hay un peligro real o imaginario y que, si es real, nos ayuda a enfrentarlo, pero si es imaginario, se queda ahí y nos produce a la larga una serie de complicaciones, enfermedades, etc. Piensas en «¿y si me despiden? ¿Y si X? ¿Y si Y? Esto me va a salir mal. Bla, bla, bla».

Para esos pensamientos, échalos fuera, porque estos activan el cortisol, que tiene consecuencias en el cuerpo y la salud mental, llegando a producir cuadros de ansiedad, estrés, depresión o enfermedades.

Así que lo dicho, cuida esos pensamientos, cámbialos por algo realista, porque las tragedias que creamos en nuestra menta nunca van a pasar, porque la vida es una percepción y, si percibes que la lluvia es mala, entonces tendrás un mal día, pero si crees que la lluvia es algo positivo para la naturaleza, por ejemplo, será un buen día.

Buen día.

Hazte estas preguntas:

1. ¿Este miedo/pensamiento es real? ¿No? Déjalo ir. ¿Sí? Pregunta 2.
2. ¿Puedo hacer algo por solucionarlo?
3. ¿Voy a hacer eso para solucionarlo?

En el sitio equivocado

A veces nos sentimos incómodos, tristes, no sabemos qué nos pasa, pero sólo sabemos que algo no está bien. Hay que escuchar a ese «malestar». Quizás nos está diciendo que es el momento de cambiar, quizás nos está mostrando que hay algo dentro que no está bien. Frena, descansa y escucha a tu yo interior.

Tú tienes la respuesta. Escúchate. Cambia.

1. ¿Estás a gusto y cómodo/a?
2. ¿Qué es lo que crees que no está bien?
3. ¿Cuál crees que es la solución?
4. Ve a ello.

Sueños

Hoy he vuelto a verte,
te he vuelto a sentir…
ahí, frente al mar, abrazados,
sintiendo la brisa de la noche.
Hoy te he vuelto a echar de menos.
Abro los ojos.

De todo

Hay días y días. Una mañana te levantas eufórica, con ganas de comerte el mundo y al otro sólo quieres meterte debajo de las sábanas y no salir.

Los malos parecen eternos y nos hacen pensar que nuestra vida es una mierda, que nunca vamos a salir de esta tristeza, rabia, o lo perdidos que nos sentimos. Duele y una sombra se apodera de nuestro ser, pero todo pasa; lo malo también.

Los buenos momentos, euforia, todo parece ir bien, nada importa, ¿qué más da todo? Vivimos el momento, nos sentimos bien... Esto también pasa.

Creo que es bueno tener ambas sensaciones. De lo malo se aprende y de lo bueno se disfruta. Una cosa va con la otra y, si todo fuese maravilloso, ¿cómo podríamos avanzar? Y es que ahí está la diferencia: si no sabemos gestionar los días no tan buenos, nos hundiremos en ello, pero si sabemos cómo llevarlos y dejar sentir esa negatividad, será más fácil salir de esa tormenta.

Personas

Las personas las solemos recordar por cómo nos hicieron sentir. No recordamos su físico, o su cara, sólo aquella risa contagiosa, aquella tranquilidad que nos transmitía, su felicidad, sus buenas energías. No perdamos el sentido del ser. Seamos nosotros mismos y la magia surgirá.

Un cambio de actitud

Un cambio de actitud y ¡PUM! ¡TODO CAMBIA! Y es cierto, nuestro cerebro cree todo lo que nos decimos. Por lo tanto, empecemos a decirle cosas positivas. Empecemos a no quedarnos con las ganas, aprendamos a mirar esos pequeños detalles que nos regala la vida, como cuando sales del trabajo y suena la canción que te gusta, como ese rayito de sol en la cara durante la siesta, ese olor, esa sonrisa…

Si no cambias tú mismo, nadie lo hará por ti, y mucho menos esa situación incómoda desaparecerá si no das el paso.

Nada

No nos permitimos hacer nada, darnos tiempo para no pensar, descansar y tirarnos al sofá para hacer nada.

Muchas veces lo único que necesitamos es parar, caer y dejarlo todo durante, al menos, un día. Porque no pasa nada por no hacer cosas. Lo único que ocurre es que en esos momentos de tranquilidad nos reforzamos, empezamos a pensar más claro y con lógica.

Descansar el cerebro y nuestro cuerpo lo agradecerá.

Prestar atención

Prestar atención a lo que estamos haciendo en cada momento. Ser, estar, formar parte de…

Personas que no están en el ahora pueden esperar. Los momentos también, pero lo que estás viviendo ahora pasará y, si no lo disfrutas y le prestas atención, lo perderás para siempre, porque la vida no vuelve para atrás. Es el momento.

Hobbies

La importancia de tener tus propios *hobbies,* tus propios quehaceres, ilusiones, momentos…

Sigue aquello que te gusta. Quien esté en tu vida querrá compartirlo contigo, querrá que sigas en ello y te apoyará en los momentos de debilidad. Aquella persona que esté a tu lado será feliz viéndote disfrutar de lo que te gusta, sea lo que sea. No cambies por nadie, síguete.

1. ¿Qué te gusta hacer?
2. ¿A quién admiras? ¿Por qué?
3. ¿Qué es lo que haces sin que te cueste nada?
4. ¿Con qué te sientes cómodo?

Cambios

Ha pasado un año desde que te conocí. Un año desde que pensé que eras tú. Un año desde que aprendí a frenar, a actuar según yo soy y no como quería que me vieses. Un año desde que me desengañé. Un año.

Y es que trescientos sesenta y cinco días dan para mucho, y si sabes aprender de aquello que no te hizo bien, de los errores, de la mierda que te pone la vida, después de tantos días puedes observar el gran cambio que has dado personalmente.

1. ¿Cómo eras el año pasado?
2. ¿Cómo eres hoy?
3. ¿Qué ha cambiado?
4. ¿Qué quieres que cambie?

Es el momento

¡Es el momento de vivir, de no pensar en cómo será, sino de pensar en cómo está siendo, de dejar de fantasear con un futuro que no sabemos y vivir este presente, ahora!

Si ahora está todo bien, disfruta; si no, es el momento de cambiar, ya, sin pensarlo, a la basura y a empezar de nuevo.

Vivir, reír, disfrutar de aquello que quieres y tienes hoy, porque hoy es el momento.

Señales

Señales de la vida que te dicen que pares, que cambies, que ya está, que ahí no es, que no estás bien, que te crea tristeza, malestar, ansiedad…

Señales, hay que aprender a escucharlas, a hacerles caso. Ya está bien.

Ser

«Yo quiero ser así». Pues sé así, adopta aquello que quieres ser y un día no tendrás que pensar o actuar como quieres ser; sólo serás tal y como tú quieres.

Tenemos que tener en cuenta que nuestra personalidad está determinada por nuestros genes y por el ambiente, y ahí está la clave y lo maravilloso del ser humano. Se puede cambiar, podemos llegar a ser quien queramos ser; con esfuerzo y constancia podemos cambiarlo y ser a quien admiramos para acabar admirándonos a nosotros mismos.

1. ¿Qué te gustaría ser?
2. ¿Cómo quieres actuar frente a los demás?
3. ¿Cómo quieres actuar cuando estás solo?
4. ¿Qué es lo que te hace estar cómodo?
5. ¿Qué ropa te gusta?

Amarillo

Qué color, alegría, felicidad, luz… Qué bonita descripción de este tono. Qué bonito pensar que estas mismas palabras las podemos decir para una persona, las personas amarillas, esas que nos dan vida, que nos sacan el punto positivo, aquellas que nos levantan, que nos sacan una sonrisa.

Esa energía amarilla que todos tenemos en nuestro interior y que podemos sacar, no somos conscientes, pero estoy segura de que somos esa persona amarilla para alguien más. Qué bonito sería si no solamente lo fuésemos para alguien más, sino para nosotros mismos.

Y lo bueno llega

No hace mucho he estado pasando por un colapso mental. Toqué fondo y todo a mi alrededor era negativo. Empecé a obsesionarme con mi cuerpo, con la vida en general y el resultado, a pesar de actuar, exacto... Ninguno, sólo malestar y más obsesión, porque los resultados no venían.

Ha sido ahora, después de un gran parón, ayuda psicológica y descanso en todos los sentidos, cuando me he dado cuenta de algo: actúa siempre por tu paz mental, por el bienestar de esta, y las cosas buenas empezarán a llegar, los resultados serán notables y casi sin darte cuenta.

Lo he podido vivir y he podido ver la diferencia de la obsesión por hacer cosas sólo por mi paz mental. Por ejemplo, yo me obsesioné con estar más fuerte y empecé a ir al gimnasio, a hacer dieta, etc. No conseguí nada, porque sólo estaba obsesionada, y es cierto que no conseguí ponerme más fuerte a pesar de entrenar. Una vez hice el parón y pensé «¿qué más da?». Comencé a entrenar por gusto, porque a mí me gusta hacer eso y porque me activa, me hace feliz, desconecto cuando entreno. Empecé a no focalizarme en el cuerpo y a centrarme en esa hora en que encontraba un refugio de desconexión mental. ¿Resultados? Mi cuerpo cambió, y este es solamente un ejemplo claro de cómo nuestro cerebro es la base de todo. Si no te encuentras bien, da igual lo que hagas. El resultado no será satisfactorio, pero si tu máquina esencial está bien, hazme caso, los resultados serán geniales.

Por eso, mi consejo es intentar estar bien mentalmente y trabajar por el bien emocional y mental. El resto viene solo.

Otra vez, si ese trabajo no te gusta o te da ansiedad, déjalo; si con tu pareja no estás bien, déjalo; si tu entorno no es el adecuado, cambia. Porque no hay que tener miedo a dejar y al cambio; al revés, es una salida válida que tu bienestar agradecerá. Salir de esas zonas de confort falsas cuesta, pero, una vez sales, alivio.

Oportunidades

Pensamos que vienen por sí solas, pero no siempre es así. A veces hay que salir a buscarlas, vivir, hablar, «ser pesados» y agarrar aquello que quizás no es lo que queríamos, para que después se haga la magia.

Las oportunidades hay que buscarlas, porque la vida no actúa por sí sola; sólo lo hace en consecuencia a nuestras acciones y búsquedas. La vida nos da lo que buscamos y, si lo tenemos claro, sólo hay que saber mirar bien.

Felicidad

Basar nuestro estado de felicidad en otra persona puede servirnos momentáneamente, pero no es saludable para nuestra salud mental, ya que la otra persona también tiene una vida, y tú tienes una vida que estás dejando en manos de la otra. Es importante diferenciar entre «estar feliz y lo comparto con otra persona» y «estoy feliz porque estoy con X persona». Todo acaba, y todo nunca es igual. Por eso es esencial querernos a nosotros mismos, valorarnos, aceptarnos, tener *hobbies,* pasiones y ganas de querer compartir ese momento de felicidad con los demás.

He observado mucha gente que ha estado depresiva y, al conocer a alguien, se ha convertido en lo más feliz del mundo, momentáneamente claro, porque esos picos de serotonina, felicidad extrema... luego bajan y es cuando vienen las desilusiones. Es normal sentirse mejor cuando conoces a esa persona, pero no es justo hacerse pasar por alguien que no se es. Basa tu felicidad en ti, luego compártela con los demás. No es lo mismo «estar feliz y lo comparto contigo» que «soy feliz porque estoy contigo».

Los otros

Me acabo de dar cuenta de que ya no me interesa hablar de la vida de otras personas. Es decir, no me siento cómoda cuando en un grupo se habla de otras personas, juzgándolas. Todos hablamos por curiosidad, cotilleo, sí, pero es triste ver como hay grupos y personas que no tienen otro tema de conversación más que el criticar la vida de otras. ¿Qué necesidad hay? Comentar algún hecho que nos llame la atención es muy distinto a rajar de la persona. ¿Acaso has estado en sus zapatillas para saber por qué hizo eso? ¿Acaso no tienes vida propia como para andar acribillando a la gente y encima a sus espaldas? ¿Qué te trae eso? La vida de cada uno es como es, y cada uno la vive como quiere, la cambia, hace y deshace si es lo que cree que es mejor para su situación. ¿Qué más te da a ti si fulanito ha cambiado su personalidad? En ese caso, vamos a aplaudirle porque ha aprendido y crecido personalmente, ¿no? Pero no, siempre están las personas de turno…

Escuchar a las personas mayores

No me había dado cuenta de la importancia de esto, de cómo las personas que tienen más años han vivido más que yo, más situaciones y más experiencias, saben lo que es la vida, lo que nos depara, lo importante... Parémonos a escuchar a nuestros abuelos, abuelas, a nuestros padres y madres. Ellos nos pueden aconsejar sobre lo que es mejor, ya que saben de qué va la vida. La vida se nos va, y perdemos mucho el tiempo en qué diré, qué pasa si me dicen que no, no sé si hacer esto... La vida no es fácil, pero la podemos hacer algo más llevadera si sabemos gestionar lo que nos viene. Nada es tan complicado si sabemos salir de ello. El apoyo es esencial, los consejos y la intuición de cada uno. Se nota, se nota cuando no queremos, cuando no estamos bien o a gusto. Pues ya está, déjalo. ¿Qué más da? De equivocarnos se aprende, de vivir moriremos y lo que nos llevamos es eso.

Hablar del cuerpo de los demás

Vamos a ver, ¿qué es lo que ganas con decirle a Pepito qué delgado/gordo está? ¿Acaso tienes problemas con tu propio cuerpo que andas fijándote en el de los demás? Los cuerpos son cuerpos y no sabemos por lo que una persona puede estar pasando como para que tú vengas y le digas algo que puede ver en su espejo. A todos nos gusta que nos alaben y nos digan «Dios, qué buena estás». Pues sí, pero hay que saber de quién aceptar esos comentarios, porque de tu amiga está bien, ella no te lo dice a malas o por envidia. Es más, cuando tu amiga te lo dice es porque se siente orgullosa y le gusta. Pero cuando alguien de fuera te mira de arriba abajo lo primero es que resulta incómodo y lo segundo es «¿qué pasa?, ¿sólo soy cuerpo?». Pues, a ver, a primera impresión, sí. Todos nos fijamos y nos gusta un cuerpo, el que sea, pero no es sano ir por la vida hablando del cuerpo de los demás. Tenemos espejos y sabemos qué está pasando.

Los demonios

Ese día, ese día en que todo es negro, no puedes más. La vida te parece horrible, tus demonios han salido. Ese oscuro momento en que ya no hay luz, en que has tocado fondo, en que no hay solución. Ese bendito día en que tú y tus malditos demonios estáis en el suelo, lo peor, lo triste… Bendito día que, al fin, me enfrenté a ellos, a mirarlos a la cara, a sonreírles y darme cuenta de que ellos son yo, que forman parte de mí y que ahí van a estar el resto de mi vida. Que sólo, si quiero, voy a poder trabajar en ellos y que, si no, ahí van a estar, jodiendo. Bendito día en que los acepto, bendito día en que me perdono y les doy tregua, no son tan malos si no les doy la espalda. Miro, los miro, me miran y veo el reflejo, el reflejo de la luz, la luz que puedo alcanzar y que, si no voy de la mano con ellos, no llegaré. Los demonios, los ángeles, todos, tú… Acéptate. Cuando dejas de darles la espalda y sabes tus límites, tus fortalezas y debilidades, eres imparable porque ya sabes hasta dónde y mostrarás lo que eres y ahí es cuando abrirás las puertas a gente que es como tú, que te da vida, que no juzga tus demonios, porque tú ya no los juzgas. ¡Diablos, qué bonito es mirarlos a los ojos y sentir complicidad!

Percepción

La vida es lo que percibimos de ella. La vida es como una bolsa de palomitas. Está ahí, con sus granitos de maíz, sin más. Y vas tú y la metes en el microondas. Los granitos por su naturaleza reaccionan al calor, y ¡pop!, se abren. Qué bonito, pero «ay, me he pasado de calor, se queman; uy, no les he puesto sal; qué sosas; uy, la fecha de caducidad; qué rancias; uy, demasiado dulces; uy, algunas ni se han hecho». Es simple, conforme tú actúes es como te van a salir las palomitas. Conforme tú actúes y conforme tú percibas las situaciones es como es la vida para ti. Por eso, no es saludable juzgar sin conocer la percepción del otro. Por eso, es muy bonito poder compartir diferentes versiones, porque pueden salir palomitas saladas, dulces, picantes… Percepción de la vida, de tus experiencias, de lo que te han enseñado y de lo que te gusta. Ábrete y conoce más. No juzgues, comparte. Puedes no estar de acuerdo, y eso está bien, para algo somos diferentes.

Cambiar de opinión

Cabe la posibilidad de cambiar de opinión, y es como debe ser, porque es sinónimo de crecimiento personal, de ver que es lo que somos lo que queremos. No debemos sentirnos mal por cambiar de opinión, porque puede ser que en ese momento las circunstancias nos llevasen a pensar así, porque no sabíamos que había otra opción. Es válido cambiar lo que uno piensa, porque incluso cuando estabas cerrado en eso, te has llevado una hostia que te ha hecho decir «joder, es que, si sigo pensando así, no voy a avanzar». No te sientas mal por no querer ahora lo que querías ayer. Los momentos pasan, las ganas pasan, y el aprendizaje está ahí.

Eres como eres y punto

Cariño, haz las cosas por tu bien, porque tú quieres y no para llamar la atención de nadie. ¡Quien quiere estar va a estar y quien no, no! Y eso se nota. Por más que lo intentemos, si no es ahí, no lo es.

¡Tú eres como eres y punto!

Ha acabado

Duele, duele darte cuenta de que tu tiempo en un sitio ha acabado.

Duele pensar que lo vivido ya ha pasado y que nunca volverá a ser lo mismo.

Duele ver como todo y nada cambia. Todo en ti ya no es lo mismo, pero nada ha cambiado en realidad.

La brisa en la cara, el sol en los ojos, la vida, tal y como es, caprichosa, ya está... El final de esta etapa.

Y es que de eso se trata, de vivir cada momento siendo consciente de lo que está pasando y de lo que estamos haciendo, de experimentar y de saber dejar atrás. Suelta cuando ya no puedas más, no fuerces, deja que fluya, como el agua. ¿Has intentado alguna vez parar el agua o hacer que vaya contracorriente con tus manos? ¿Qué pasa? Eso es, que no fluye, que cuando paras de forzar, sigue su curso. Pues lo mismo pasa en la vida: si forzamos, lo retendremos ahí por un tiempo, pero al final el agua sigue su curso.

Si cuesta un sobresfuerzo, no es ahí.

¿Eres consciente de lo que haces cuando haces algo? ¿O estás distraído pensando en X cosa?

¿Sigues anclado en X momento? ¿Puedes hacer algo ahora por solucionarlo? ¿Sí? Hazlo. ¿No? Déjalo ir.

En mi sueño

Me encontraréis en mi sueño, mi sueño hecho realidad.

Porque sí, mucha gente me dice «deja de tener pajaritos en la cabeza», «estabilízate ya y deja de ir de un lado a otro», «¿cuándo vas a parar?». Siempre ha caído muy duro en mi mente. ¿Y si tienen razón? ¿Y si debería parar? Ahora sé que no, que no debí parar, que estoy haciendo bien, que me gusta volar con mis pajaritos, porque un día sé que voy a vivir mi sueño y se va a cumplir, lo sé.

Porque la vida no tiene más sentido que el que tú le des, y si luchas por conseguir lo que quieres, al final lo obtienes.

Así que miradme, aquí, volando junto a lo que un día soñé y hoy puedo disfrutar

No hay tiempo que perder

A veces todo se remueve, todo está negro, nada sale bien, y no sabes qué pasa, todo está bien, no hay nada, pero sí lo hay... Eso que no paras de pensar, eso que no tiene importancia, ya se pasará, ya lo haré, ya..., ya... Eso es, hazlo ya. ¿Por qué esperar, si el fin es el mismo? No hay tiempo que perder. Vamos, levántate.

1. ¿Qué es eso que tienes en mente y no se va?
2. ¿Qué te da miedo?
3. ¿Por qué lo estás retrasando?

Corazón y cerebro

Solemos decir que los seres humanos somos como las hojas, movidas por el viento.

Un día iba andando por la calle. Hacía mucho viento y la mirada se me fue a la hierba y a las hojas que, movidas por el viento, volaban de un lado hacia el otro. Entonces, en ese momento, sólo pensé: «Somos personas movidas por nuestro corazón».

Espera, nuestro corazón siente; los sentimientos los generamos con nuestra percepción; la percepción es lo que pensamos. Por lo tanto, ¿qué nos mueve?

He estado pensando y he llegado a una conclusión: realmente nos movemos por nuestro cerebro, pero a veces, la mayoría de las veces, no nos hacemos caso y es cuando nuestro corazón nos avisa. Digamos que el corazón es como el resultado de un trabajo: nosotros pensamos y sabemos qué es bueno y que no, y esta información llega a nuestro corazón y cuando no hacemos lo que de verdad queremos es cuando nos avisa, nos duele, se nos encoge… Por ejemplo, una decisión. Siempre decimos «haz lo que sientas» (corazón), pero lo que sientes es lo que antes has pensado que querías (cerebro); sin embargo, por indecisiones, falta de confianza, miedos, etc., empezamos a caer en un bucle de pensamientos negativos que sepultan lo real.

Sobrepensar es miedo y el miedo nos lo generamos nosotros. Toma una decisión y llévala a cabo. Tu corazón estará en paz y, si duele, es porque en algún momento habías pensado que eso no es lo que querías hacer.

Cerebro y corazón van de la mano. El primero crea la idea y luego sobrepiensa y la tapa; el segundo te avisa de que esa primera idea es la que debes escuchar.

Cambio de rumbo

A veces, la vida te dice que no. A veces, el momento no es ahora.

Simplemente duele, duele ver como cada vez que quieres realizar tu sueño algo pasa, algo malo, a alguien que quieres... Y no sólo a esas personas, a mí misma también.

Duele tener que dejar atrás esto, pero debo parar, relajarme e ir fluyendo.

Sé que lo voy a conseguir. No sé cuándo, pero lo haré. No es el momento y debo escuchar las señales de la vida. Esto no quiere decir que no vaya a luchar por ello; sólo es un parón, un descanso para que en el momento idóneo sea perfecto.

Perfecto

Nada es perfecto si no lo quieres y no estás a gusto.

Todo es perfecto cuando estás a gusto, cuando es tu sitio, cuando sí.

Todo pasa por algo

Cambios. A veces la vida te dice que no y pasa lo que jamás podrías imaginarte, y después otra vez, y otra y parece que no hay luz, que todo se ha derrumbado. ¿Y si todo se ha derrumbado por una razón? Ahí no, así no es como debes hacer eso. Para, recomponte, pasa tiempo sin hacer nada y cuidándote a ti mismo. Esa señal llega, pero antes debes aprender la lección, dar otro paso, mismo objetivo, distinto camino para conseguirlo.

Cuando la vida te dice que no, déjalo estar, acéptalo y crea otro plan. TODO PASA POR ALGO.

Hasta pronto

Quién sabe, quién sabe lo que esta vida nos depara, quién sabe lo que va a pasar en el minuto siguiente. La vida es así, tan bonita, tan misteriosa, tan horrible a veces.

Seguir luchando, seguir con fuerza para seguir sacando la esencia tan linda que la vida nos regala.

Aquí, ahora, allá o luego, pero levántate, hazlo, sal a la calle, mójate en la lluvia, huele la noche, coge ese rayo de sol. Vete a la cama y descansa, actúa por eso que quieres ahora, escúchate, para un momento, respira hondo. Eso es, eso es…

Hasta pronto, mis florecillas.

www.ingramcontent.com/pod-product-compliance
Lightning Source LLC
La Vergne TN
LVHW091039150826
845672LV00006BA/1891

9788410076334